Louis Reybaud

Du paupérisme et des institutions de charité en France

Le savoir en poche

ISBN : 978-1547142279

10 9 8 7 6 5 4 3 2 1

Louis Reybaud

Du paupérisme et des institutions de charité en France

Le savoir
en poche

Table de Matières

Introduction

Aucun sujet n'a été plus souvent traité, et par des esprits plus éminents, que celui dont j'ai à m'occuper. Il y a sept ans environ, une commission de trente membres, choisis dans le sein de l'assemblée législative et qui tiraient ou de leurs noms ou de leurs études spéciales une incontestable autorité, fut chargée d'examiner tout ce qui, de près ou de loin, se rattache au problème de l'assistance publique, et d'en dégager les propositions de nature à être converties en loi ou en règlement administratif. Ce n'était pas une tâche facile au milieu du trouble qui régnait encore dans les esprits et des illusions créées et entretenues par l'influence persistante des sectes. Il s'agissait de reprendre l'œuvre par les fondements, de rétablir les grands principes hors desquels il n'y a pour les sociétés ni progrès, ni vie possible, de montrer où aboutissent les systèmes qui, déplaçant la responsabilité, mettent à, la charge de l'état ce qui doit rester à la charge de l'individu. Voilà ce que fit cette commission, qui eut l'honneur et la bonne fortune d'avoir M. Thiers pour rapporteur. On se souvient du document qui en émana ; il est de ceux qu'en matière d'assistance on ne peut omettre.

Parmi les reproches que l'on fit à ce document, quand il parut, il y en avait deux qui n'étaient pas dépourvus de tout fondement. On l'accusait de manquer d'invention sur beaucoup de points, d'érudition sur d'autres, de ne pas tout dire et de conclure faiblement. À l'appui de ces reproches, on citait des institutions de prévoyance qui avaient réussi tant en France qu'en pays étrangers ; et auxquelles le rapport semblait refuser jusqu'aux honneurs d'une mention. Telles étaient les objections ; même alors il eût été facile d'y répondre. Comme tous les travaux législatifs, celui-ci avait un caractère de circonstance : il s'agissait de dissiper les ténèbres dont l'air était rempli, et pour cela mieux valait ressaisir le flambeau des vérités générales que s'égarer à la recherche des moyens de détail, toujours sujets à contestation, exaltés par les uns, décriés par les autres, sans qu'aucun accord puisse s'établir ni sur la nature même de ces moyens, ni sur les conséquences que l'on doit en tirer.

Depuis ce temps, les faits ont marché et nous offrent un témoignage bon à recueillir. Presque tous les expédients dont l'attention publique était saisie il y a sept ans ont été l'objet d'applications plus ou moins étendues. On a épuisé, en faveur des classes que visite la misère, la mesure des soulagements possibles et mis notamment à l'essai une partie des combinaisons qui s'étaient produites en 1850 sous forme de conseils. Ainsi les sociétés de secours mutuels et les caisses de retraite pour la vieillesse ont vu leurs cadres s'élargir et leurs statuts se fixer ; par tous les moyens, on a cherché à encourager et à développer l'habitude de l'épargne et le sentiment de la prévoyance. Même soin pour ce qui touche à la santé et au bien-être des populations : la loi sur les logements insalubres et la construction des cités d'ouvriers ont eu ces deux objets en vue. On y a, comme raffinement, ajouté des bains et des lavoirs publics. Que rappeler encore ? Les faits abondent, et il faut s'en tenir aux plus décisifs. Pour obvier au renchérissement des denrées alimentaires, on a maintenu, à l'aide de grands sacrifices et pendant plus de deux années, la taxe du pain au-dessous du coût réel et créé, dans les quartiers populeux, des fourneaux économiques où la viande était débitée à des prix réduits. En même temps on imprimait au travail une activité un peu artificielle, pour qu'à la hausse des subsistances correspondît une élévation au moins équivalente des salaires.

Qui n'aurait cru à la puissance de ces mesures combinées, et ne semblait-il pas que la misère dût battre en retraite devant elles ? On avait dépassé ce que la philanthropie la plus exigeante peut entrevoir et indiquer à titre de vœu ; on avait emprunté aux pays voisins les institutions les plus compatibles avec nos habitudes et nos mœurs, et poussé jusqu'à l'extrême limite les secours des villes et de l'état. Et pourtant, malgré tant d'efforts, rien ne témoigne que la misère ait cédé du terrain ; elle en aurait gagné plutôt, si l'on s'en rapporte aux appels multipliés de la bienfaisance privée et aux chiffres douloureux qui les accompagnent. Quant aux documents officiels, ils en sont restés au point où les a laissés l'auteur d'un rapport récent, M. de Watteville, qui évaluait à 1 sur 12, c'est-à-dire à 8 pour 100, la proportion du nombre des indigents comparé à celui de la population générale.

Tels sont les faits, et il convient d'ajouter que, pour ces derniers temps, des causes accidentelles, telles que la disette et la guerre, ont contribué à les empirer ; mais au-dessus et en dehors de ces fléaux passagers, il existe un motif permanent, une sorte de loi qui empêche la misère de décroître en raison des soulagements qu'on lui oppose. Cette loi, ce motif, ont été signalés par tous les hommes versés dans ces matières. L'assistance privée ou publique a un double effet ; elle crée autant de pauvres qu'elle en secourt, et entretient la misère au lieu de l'éteindre. Toutes les fois que cette assistance a quitté son caractère libre et spontané pour revêtir des formes plus savantes, à l'instant même et en regard la misère s'est constituée dans des conditions analogues et a affecté une sorte d'organisation. Plus l'assistance tendait à se changer en institution, plus la misère dégénérait en une profession avouée. Les besoins semblaient se mesurer sur l'aumône, et non l'aumône sur les besoins. Tel est l'écueil souvent signalé et toujours menaçant où viennent échouer les combinaisons en apparence les plus efficaces. À mesure que les sociétés arrivent à l'aisance et à la richesse, il naît dans leur sein, à côté de l'indigence réelle, une indigence artificielle, produit de la paresse et des mauvaises mœurs, qui procède du calcul plutôt que de la nécessité, et résiste aux moyens employés pour l'extirper avec l'énergie des végétations parasites. Au lieu d'être un embarras, cette indigence artificielle devient parfois un instrument de domination, et le passé en fournit plus d'un exemple. C'est ce dont il est aisé de se convaincre quand on suit, à travers les temps, la marche du paupérisme administratif, les empiétements volontaires ou forcés, les intermittences et les modifications qui s'y rattachent.

Section I

Cette histoire a été plus d'une fois écrite, et avec autorité. S'agit-il des périodes grecque et romaine, on a M. Rossi, qui a traité ce sujet avec la lucidité propre à son esprit, et quant aux époques plus récentes, on a M. de Gérando, qui apportait dans ces recherches la passion du bien public, puis MM. Duchâtel et Naville, dont les travaux, un peu anciens déjà, n'ont rien perdu de leur crédit ; MM. Brouckère, de Morogues, Armand de Melun, d'autres encore. Si M. Alexandre Monnier n'est venu ajouter que peu de chose à cet ensemble d'études et d'opinions, il a du moins le mérite de s'en être inspiré et d'en avoir présenté, dans un cadre réduit, l'analyse judicieuse et fidèle.

Ce qui frappe le plus vivement l'esprit dans les annales de l'assistance, ce sont les transformations qu'elle a subies entre les mains de l'état ou du clergé. Le monde antique ne semble point avoir donné à la charité privée l'importance et le caractère qu'elle a de nos jours. Non pas que les instincts du cœur y fussent méconnus ou étouffés : alors comme aujourd'hui, la main s'ouvrait pour l'indigent ; il avait sa place à la table comme au foyer ; jamais l'hospitalité n'eut une empreinte plus religieuse. Ce qui manquait à ces sociétés un peu rudes, c'était la bienfaisance collective et s'exerçant sous forme d'association, la pitié pour le prochain devenant l'une des vertus les plus actives, les plus spontanées de l'homme, et se rendant manifeste par une foule de fondations et d'établissements de charité. En revanche, là où l'individu s'effaçait, l'état signalait sa présence : les lois suppléaient à l'impuissance des mœurs. On ne saurait imaginer jusqu'où allèrent les choses dans les républiques grecques, dont le travail des esclaves constituait presque toute l'activité. Ce qui restait de citoyens libres vivait des largesses du gouvernement ou des usurpateurs qui s'en emparaient. Le trésor public était ainsi un patrimoine commun qu'alimentaient la confiscation, les impôts forcés, les tributs prélevés sur les peuples vaincus ou sur les colonies lointaines, les revenus des mines et du domaine public. À Athènes par exemple, le salaire se montrait sous toutes les formes : salaire pour le sénat, qui comptait cinq cents membres, et pour les tribunaux, où il y en avait six mille ; salaire pour les orateurs et pour les vingt mille individus qui assistaient aux assemblées. Pas un acte, pas une cérémonie qui ne fussent une occasion de salaires ; on en distribuait au spectacle et dans les jeux, et quand Périclès voulut assurer sa popularité, il créa, sous le nom de *théorique*, une série de libéralités nouvelles, si bien que la moyenne de ces subventions réunies atteignait par tête de citoyen la somme de 1,000 francs de notre monnaie. Quelle charge pour le trésor ! et pour aboutir à quoi ? A entretenir dans la misère une population sans dignité. Rien ne remplace ici-bas l'activité et la responsabilité personnelles : les races les mieux trempées sont celles où l'individu attend le plus de lui-même et puise ses ressources dans le prix d'un travail librement débattu.

À Rome, l'action de l'état n'était ni moins visible ni moins générale ; seulement le procédé changeait. Ce n'étaient plus, comme en Grèce, des distributions en argent, mais des distributions en nature. Tous les monuments de la jurisprudence prouvent à quel point l'abus en fut poussé. Sous l'influence du vieil esprit républicain, on garde encore quelque mesure. La part d'initiative du gouvernement semble se résumer dans une institution qui s'est transmise jusqu'à nous, avec les inconvénients qui y sont inhérents, celle de l'*annone*, de qui relevait la subsistance de la ville. Rien de plus curieux que ce fait, et surtout que la persistance de l'*annone* à travers tant de siècles et des régimes si divers. Au début comme au déclin des civilisations, il s'est toujours trouvé des gens, et en grand nombre, décidés à ne point voir que l'instrument le plus sûr d'un approvisionnement est la liberté des transactions, et qu'en cette matière le cours naturel vaut mieux que les plus ingénieux artifices. De là ces précautions, ces entraves, même ces taxes qui, sous prétexte de rendre l'existence des populations plus certaine, ne font que la rendre plus précaire et plus onéreuse. Entre deux intérêts très simples et qui se répondent constamment, une offre et une demande, un vendeur et un acheteur, on a imaginé de placer un tiers, l'état ou la commune, qui tient du parasite et du maître, s'impose aux parties pour modifier les termes du contrat, quelquefois à son propre avantage et toujours au préjudice commun, substitue l'arbitraire au droit et la faveur à la concurrence, reste un embarras quand il n'est pas une charge, et ne présente aucune sorte de garantie ni pour l'abondance des denrées ni pour la modération des prix. De nos jours, ces expédients se nomment ou des mercuriales ou des lois de maximum ; du temps des Romains, c'était l'annone.

Quoi qu'il en soit, l'annone, à son origine, n'avait d'autre objet que de prévenir ou de combattre les disettes. Dirigée tantôt par un préfet spécial, tantôt par des procurateurs, elle veillait à ce que le marché des grains fût bien approvisionné, et que la taxe y gardât des proportions raisonnables. Deux traits distinguent alors cette institution : elle est temporaire et n'aboutit pas à des distributions à titre gratuit. Il ne s'agit, quand elle est en vigueur, que de suppléer à l'insuffisance de l'activité commerciale, et d'envoyer des vaisseaux sur les lieux de production négligés par les marchands. Quant au prix, tantôt c'est le sénat qui le fixe, tantôt ce sont les tribuns ; deux influences toujours en lutte, celle des patriciens, celle des plébéiens. Dans le premier cas, la taxe se relève ; dans le second, elle descend aussi bas que possible. Malgré tout, le principe reste intact ; l'annone est une institution de circonstance, et ne fait point de largesses ; elle vend et ne donne pas. Pour en changer les conditions, il faut que les siècles s'écoulent et que les mœurs se relâchent. Avec les Gracques commencent les distributions gratuites. Sous Auguste, l'annone se transforme en un fait permanent. Désormais les captations exercées sur le peuple au moyen de ces libéralités n'exposent plus un homme aux rigueurs de la loi, et le temps est loin où Spurius Mélius les payait de sa vie. Les tribuns en usent comme d'un moyen légitime : Clodius y a recours pour obtenir l'exil de Cicéron, Jules César quand il pose, dans son premier consulat, les fondements de sa popularité. Dès-lors l'annone cesse d'être un expédient d'administration pour devenir un instrument de politique ; ses clients de passage sont des clients définitifs, dont le nombre s'élève d'une manière alarmante, même pour ceux qui y cherchent un appui. Non-seulement le peuple de Rome accourt aux magasins publics, où la ration est distribuée dans des cubes de bois de troëne, mais tout ce que l'Italie renferme de gens déclassés, tous les fainéants, tous les bandits, semblent s'être donné rendez-vous dans la ville où ont lieu les distributions. En vain essaie-t-on de faire un choix parmi ces parasites, les éliminations avortent devant les fraudes et les violences. César a fixé à cent cinquante mille le chiffre des parties prenantes, Auguste à deux cent mille ; ces réformes restent une lettre morte, les charges de l'annone s'accroissent de plus en plus, et cela à un point qu'elle n'y pourrait suffire sans les libéralités particulières des empereurs.

À partir de ce temps, l'alimentation de Rome est une véritable affaire d'état ; l'activité et la spéculation commerciale en sont absentes. C'est l'état qui taxe les provinces à blé ; c'est l'état qui arme les flottes, effectue les transports, assure les dépôts, renferme, conserve et répartit les grains. L'Égypte donnera le cinquième de sa récolte, la Sicile le dixième ; les Gaules, l'île de Chypre, la Béotie, les Baléares, la Sardaigne, fourniront leur contingent. Tout retard dans l'arrivée des approvisionnements a le caractère d'une calamité nationale ; quand les vaisseaux chargés en Égypte sont signalés sur la côte, des réjouissances et des fêtes accompagnent cet événement. On se félicite comme si on échappait à une crise. Des navires plus légers que les autres prenaient les devants et arboraient à leurs mâts un pavillon de reconnaissance. Les populations se portaient alors vers le rivage, et les administrateurs de l'annone s'empressaient d'accourir. La joie éclatait en applaudissements quand les pilotes mettaient pied à terre sur le promontoire de Caprée ; on se rendait au temple de Minerve, où le vin maréotique coulait en l'honneur de cette heureuse navigation ; puis les bâtiments étaient dirigés les uns sur Antium, les autres sur Ostie, d'où ils remontaient le Tibre jusqu'à Rome. Que d'appareil, et en même temps que d'embarras gratuits ! Nous avons du génie romain une idée assez haute pour croire que, livré à lui-même, il eût trouvé des moyens d'approvisionnement plus sûrs, plus simples et moins fastueux. Au lieu de ce convoi de cinq cents voiles, essuyant toutes le même risque et arrivant toutes à la fois, il eût divisé ses arrivées et ses risques, de manière que les marchés fussent constamment pourvus et n'éprouvassent pas l'alternative d'une extrême pénurie et d'une extrême abondance ; mais il eût fallu que l'action officielle s'effaçât devant l'action privée, lui laissât quelque ressort en lui offrant quelques avantages. Rome ne l'entendait pas ainsi, et sous ce rapport, comme sous beaucoup d'autres, nous sommes encore bien Romains.

Sous les empereurs de la décadence, cette question des subsistances ne fit que prendre un caractère plus grave pour l'armée comme pour le peuple ; il ne semble plus rien y avoir en dehors de la munificence et des libéralités du souverain. On les multiplie à l'infini et sous les formes les plus variées, — le *congiaire* au peuple, le *donatif* à l'armée. Ces libéralités ne sont pas toutes volontaires ; un jour c'est la soldatesque qui se plaint, l'autre jour c'est la multitude qui s'insurge ; il faut acheter à prix d'argent le concours de l'une et la soumission de l'autre. Pas un empereur qui échappe à ces tributs forcés, et ils ont beau faire, jamais les largesses ne sont à la hauteur des exigences. Pour une prétention satisfaite, il en naît vingt autres plus impérieuses. Comment s'y dérober ? Le pouvoir est à l'enchère, citoyens et légionnaires en disposent en faveur du plus offrant et lui dictent ensuite la loi ; s'il résiste, on le brise et on traite de ses dépouilles avec un maître plus généreux. L'empereur est responsable de tout ; il est responsable des récoltes, de la régularité des saisons, des rigueurs ou de la clémence du ciel. La multitude attend de lui ses moyens de vivre. Il doit agir pour elle, prévoir pour elle, ne la laisser dépourvue ni dans ses besoins, ni dans ses plaisirs. Malheur à celui qui retrancherait quelque chose de son pain ou de ses jeux du cirque ! Aucun empereur n'y songe ; tous s'inclinent devant cette mendicité turbulente. Auguste, pour célébrer sa victoire sur Antoine, élève au quadruple la distribution des denrées ; Tibère crée une banque de prêts gratuits ; Caligula donne deux fois à la populace un congiaire de 200 sesterces par tête, 79 fr, de notre monnaie. Jusqu'alors, le blé seul avait été livré à titre gratuit ; on en fait autant pour le sel, pour la viande, même pour les vêtements. Le trésor public est un réservoir où chacun puise, et qui est le siège d'un pillage régulier. Aussi que d'efforts pour le remplir ! que d'exactions dans les provinces ! que de confiscations, que de violences, que de meurtres pour nourrir ces milliers d'oisifs et de factieux ! Cela dura jusqu'au jour où les Barbares marchèrent sur Rome, et ne trouvèrent de résistance sérieuse ni dans ses soldats mercenaires, ni dans ses citoyens avilis.

Ainsi finirent les sociétés antiques, pour avoir fait trop bon marché de la dignité humaine et laissé peser sur les existences la main et la tutelle de l'état. Tout ce qu'il y avait dans les populations de volonté virile et d'instinct industrieux s'éteignit graduellement devant ces habitudes de servilité et d'oisiveté. Les âmes ne se relevèrent que sous l'influence des idées chrétiennes ; le réveil de la foi fut le réveil de l'activité personnelle. Alors l'assistance changea de caractère et de nom ; elle cessa d'être cette manne qui tombait d'en haut, aveuglément et indistinctement, pour corrompre et énerver ceux qui en vivaient ; elle devint une vertu et un devoir privés ; elle s'appela la charité et eut pour forme l'aumône. Rien de plus touchant, surtout au début. On voit alors, on sent l'influence de l'église et, comme l'a dit éloquemment M. Villemain, « celle des grands exemples et des leçons sublimes dont elle étonna le monde par les Ambroise et les Chrysostome.[1] » Ce qu'il y a de vraiment divin dans cette nouvelle manière de comprendre et de pratiquer l'assistance, c'est que l'obligé et celui qui oblige gardent le même rang, et que le secours n'entraîne pas la dépendance. Les riches se doivent aux pauvres, les valides aux infirmes, les grands aux petits. Le soulagement de la misère est l'œuvre de tous, l'attribut de tous ; personne n'en est chargé par préférence, pas plus l'état qu'un corps dans l'état. Il se forme entre les membres de la famille terrestre un lien mystique qui les rend solidaires les uns des autres, les unit étroitement, et dont le dernier chaînon remonte jusqu'au ciel. Et quel souci de la dignité de l'homme dans l'exercice de cette charité ! Les besoins n'ont plus à se produire ; il est ordonné de les prévenir. La responsabilité se déplace ; s'il y a des souffrances cachées, il faut les découvrir et ménager cette pudeur qui est la dernière noblesse de l'indigence. Pour un chrétien, c'est de l'obligation la plus stricte, comme le silence dans le bienfait. S'il y a quelque récompense à en attendre, ce n'est pas ici-bas ; de pareils comptes se règlent ailleurs. L'acte perd de son prix au moindre mélange d'ambition ou de vanité.

Telle est la charité selon l'Évangile, et à la définir on comprend quel fut son empire dans les consciences. Jamais plus bel élan ne frappa et n'étonna le monde, et il ne fallait pas moins pour suffire aux besoins que créait le dogme nouveau. En affranchissant les esclaves, le christianisme avait pris à sa charge le soin de les nourrir. Il est vrai que le travail affranchi lui prêtait la fécondité de ses ressources ; mais que de douleurs, que de misères accompagnèrent les premières périodes de cette transition, aggravées par les guerres, les famines, le pillage et les invasions des hordes du Nord ! La charité fut plus puissante que tous ces obstacles ; elle adoucit les maux qu'elle ne pouvait guérir, et resta debout sur les ruines dont le sol était couvert. Limitée d'abord, son action s'étendit en raison des progrès de l'église, et devint universelle sous les empereurs convertis. On fonda des hospices où les malheureux trouvèrent un asile et du pain, on délivra les captifs, on distribua des secours avec un discernement que les sociétés païennes n'avaient pas connu. Ce fut entre le pouvoir spirituel et le pouvoir séculier une sorte de lutte, où celui-ci resta longtemps subordonné. L'église avait fait de la charité un de ses titres et une de

1 Rapport du secrétaire perpétuel de l'Académie française sur les concours de 1857, où le livre de M. Alexandre Monnier a obtenu une médaille de premier ordre.

ses forces ; elle ne s'en dessaisit pas et ne laissa l'état intervenir à côté d'elle qu'à titre d'auxiliaire. Dans l'histoire de l'assistance, les deux rôles sont bien marqués, et il est utile de rechercher en quoi ils diffèrent : c'est le trait par lequel les civilisations modernes se séparent des civilisations du passé.

Sans doute la part des souverains fut grande dans les établissements et les institutions de charité. Les plus illustres et les plus sages tinrent à honneur d'y attacher leur nom. Constantin fit aux pauvres des remises d'impôt, et ouvrit aux proconsuls des crédits en faveur des familles indigentes ; Charlemagne multiplia les écoles et les dota généreusement ; saint Louis fonda les Quinze-Vingts et enrichit de ses dons l'hôtel de ville de Paris, qui les distribuait aux nécessiteux ; Charles V eut le premier l'idée d'une assistance judiciaire gratuite ; François Ier créa un bureau d'indigence avec des listes régulières, et lui donna le droit de lever une taxe d'aumône sur les habitants. Louis XIV, procédant ici comme partout avec sa grandeur habituelle, construisit et dota successivement l'hôpital des Incurables, l'hôpital des Convalescents, l'hôpital des Invalides, l'hôpital général de Paris, connu depuis sous le nom de la Salpétrière, et qui à lui seul pouvait renfermer jusqu'à six mille indigents. D'autres rois signalèrent leurs règnes par des fondations analogues, et, à vrai dire, il n'en est aucun qui ne se soit associé par quelques actes publics aux efforts et aux services de la charité privée.

La charité néanmoins, quelles que fussent la nature et l'étendue de ce concours, restait une œuvre indépendante, et dont le clergé conservait la direction. C'est dans les coffres de l'église que les fidèles déposaient leurs offrandes, c'est par ses mains que s'en opérait la distribution. Chaque paroisse avait ses pauvres, veillait à leurs besoins, en constatait l'urgence, et y pourvoyait en raison de ses ressources. L'évêque était le grand aumônier du diocèse ; ses diacres s'occupaient du détail et comptaient parmi leurs principales attributions celle de trésoriers de l'épargne charitable. Beaucoup de dotations, beaucoup de biens de main-morte n'eurent pas d'autre origine, et à l'époque des croisades, quand l'esprit religieux souffla sur le monde, on vit une foule de seigneurs disposer, avant leur départ, d'une portion de leurs biens en faveur des chapitres et des couvents plus spécialement voués à l'œuvre de l'assistance. Des ordres, comme celui des hospitaliers, s'établirent alors avec une mission spéciale, ils édifièrent la chrétienté par le spectacle de leur dévouement. Si l'élan fut vif, il n'était pas au-dessus des nécessités du temps. Un mal inconnu, la lèpre, venait d'envahir l'Europe, et la France seule, au XIIIe siècle, comptait huit cents léproseries. Le clergé eut l'honneur de supporter sans fléchir un si lourd fardeau, et s'il ne fut qu'un intermédiaire des dons privés, il y ajouta ce que rien ne supplée et ce qui rehausse le prix du secours, son contingent de sacrifices et de risques personnels. Il fit plus encore ; il maintint la charité dans ses vraies limites, l'inspiration volontaire, en ne la laissant dévier ni vers l'état, où elle se dénature, ni vers l'exercice isolé, qui presque toujours manque de discernement. Il la soumit à une sorte d'organisation, pas assez savante pour devenir stérile, pas assez régulière pour assurer un tribut aux assistants et un droit aux assistés.

Ce n'est pas qu'ainsi comprise, la charité n'ait eu des inconvénients ; en aucune matière, l'abus n'est plus voisin de l'usage. Même en France, où l'action en demeura libre, l'assistance eut de bons et de mauvais jours, et entretint la misère, qu'elle se proposait de soulager. Plus d'un édit de nos rois eut pour objet d'obvier à l'accroissement trop rapide du nombre des mendiants et d'empêcher qu'ils ne fissent de leur condition une véritable industrie. À la gravité des peines on peut mesurer l'intensité du mal. Jean le Bon ordonna que tout mendiant valide serait jeté en prison, et, en cas de récidive, attaché au pilori, marqué au front d'un fer rouge, puis banni. De pareilles rigueurs ne suffirent pas pour extirper cette spéculation coupable ; les portes des églises restèrent assiégées d'une foule de gens sans aveu, étalant aux yeux qui s'en détournaient avec dégoût des plaies réelles ou simulées. L'art de la mendicité se transmettait dans certaines familles comme un héritage, avec ses procédés, ses recettes, et presque ses privilèges. Il fallut sévir de nouveau et chercher des châtiments plus sûrs. Henri II prescrivit le travail forcé ; Louis XIII ouvrit des ateliers de charité qui, pour la forme et les règlements intérieurs, se rapprochaient de nos dépôts de mendicité et des établissements plus sévères qui existent de l'autre côté du détroit (*work-houses*). Ce ne furent là, il est vrai, que des germes d'institutions, et ces mesures, décrétées contre un mal devenu excessif, étaient presque toujours abandonnées quand l'effet avait été produit. L'église intervenait à temps pour contenir le pouvoir administratif et empêcher qu'il n'empiétât trop ouvertement sur son domaine.

En Angleterre, surtout après la réforme, on alla plus loin. Tant que le dogme catholique fut dominant, le soin des pauvres était demeuré à la charge du clergé seul, et, malgré un luxe inouï de pénalité, le nombre s'en accroissait à vue d'œil. La brusque dispersion des ordres religieux fut, à ce point de vue, une révolution économique et sociale. Non-seulement elle rejeta dans le monde une légion de moines dépossédés, et qui avaient à s'y faire une place, mais avec eux les cinquante mille parasites qui vivaient de l'aumône des couvents. On s'en aperçut bien sous Henri VIII, dont le règne fut marqué par soixante-deux mille exécutions capitales pour attentats à la propriété. À l'industrie de la mendicité avait succédé l'industrie du vol. Il fallut prendre un parti, et de là vinrent ces lois des pauvres qui ont si longtemps pesé et qui pèsent encore sur l'économie administrative de la Grande-Bretagne. Henri VIII n'entra pas sans hésitation dans cette voie ; on eût dit qu'il avait la conscience des embarras qu'il préparait à ses successeurs. Il fit un appel à la charité de ses sujets, provoqua des souscriptions, ordonna que des collectes fussent faites dans les églises. C'était encore de l'assistance volontaire ; mais sous Elisabeth ces taxes, d'abord libres et provisoires, prirent un caractère forcé et définitif. Le quarante-troisième statut de ce règne fixa les bases du régime qui a prévalu pendant plus de deux siècles, et dont beaucoup d'éléments subsistent malgré les modifications de 1834. Trois dispositions caractérisent ce régime : le recensement des pauvres, leur existence mise à la charge de la paroisse, la création d'une taxe obligatoire pour leur entretien. Voilà le berceau de l'assistance légale et le germe du paupérisme organisé. On sait ce qui s'ensuivit ; cette histoire a été souvent racontée. L'indigence avait désormais une action ouverte, un droit à exercer ; elle en usa et en abusa. De suppliante qu'elle était, elle devint hautaine, exigeante ; elle eut la menace à la bouche, et au besoin engagea des procès. Ses cadres s'élargirent, et si bien que la responsabilité des paroisses fut pour beaucoup d'entre elles une cause de ruine. La partie active s'épuisait à nourrir la partie inerte de la communauté, et pour soulager les pauvres, on en faisait d'autres à l'envi. Plus de prévoyance individuelle, plus de souci de l'avenir ; on comptait sur la paroisse pour suppléer aux conséquences du vice ou aux défaillances de l'âge : à quoi bon l'épargne quand on a en perspective un prélèvement sur le fonds commun ? Aussi cette taxe, légère à l'origine, devint-elle, avec le temps et à la suite d'innombrables abus, intolérable pour ceux qui y étaient assujettis. Il est telle localité, comme Cholesbury, où les revenus de ceux qui possédaient quelque chose étaient insuffisants pour acquitter le tribut légal envers ceux qui ne possédaient rien. En 1834, la taxe s'élevait, pour toute l'Angleterre, à 6,317,255 liv. sterl. (157,931,375 fr.). Une réforme était nécessaire, et, malgré le respect des Anglais pour leurs vieilles lois, elle eut lieu.

Le trait essentiel de cette réforme fut d'affranchir les paroisses de leur responsabilité, ou tout au moins de la rendre plus légère. On ne conserva de l'ancienne organisation que des agrégations ou unions de paroisses créées par un statut de George III, et qui avaient la puissance et les ressources nécessaires pour gouverner et entretenir leurs nécessiteux. Le reste releva d'une autorité unique, chargée de rechercher et de combattre ce que l'indigence légale avait d'excessif et d'artificiel. En même temps que la loi maintenait le secours, elle imposait le travail, et des établissements spéciaux étaient fondés, avec la contrainte comme sanction et la séparation des sexes comme moyen de discipline. On ne renonçait pas au principe, on en réglait seulement l'application de manière à le rendre moins abusif. Les résultats ne trompèrent point ces espérances, et trois ans après cette réforme, la taxe était déjà réduite de 2,271,514 livres sterling (56,818,050 fr.). Elle s'est relevée depuis lors, sous l'influence de causes accidentelles, comme l'insuffisance des récoltes, la cherté des vivres et les fluctuations du travail manufacturier, sans qu'on en puisse tirer une conclusion défavorable contre l'efficacité du nouveau système. Seulement, tout mitigé qu'il est, le principe subsiste : c'est toujours l'assistance officielle. Le droit du pauvre est inscrit dans la loi ; elle se borne à en régler l'exercice. Là sont l'écueil et le danger ; on a enrayé, mais on est toujours sur la même pente. Le droit pour l'assisté exclut presque le devoir chez celui qui assiste ; dès que l'état s'en mêle, l'individu peut s'effacer ; les bourses privées ne se mettent pas volontiers à la suite du trésor public, et à moins de se payer d'illusions, il faut convenir que l'un des deux modes de secours nuit à l'autre.

La France, au milieu d'essais contradictoires, ne s'est jamais engagée aussi avant dans cette voie ; elle a su ménager à la charité libre une part beaucoup plus grande. La mobilité des habitudes et l'inconstance des institutions l'ont servie en cela. On n'a manqué ni de projets ni même de décrets ; ces projets, ces décrets, sont restés en partie sur le papier. Ainsi, quand à la suite des proscriptions révolutionnaires, le clergé eut pour ainsi dire disparu, et avec lui cette épargne dont il disposait en faveur des pauvres, il y eut, de la part des gouvernements qui se succédaient, plus d'un effort et plus d'un retour pour résoudre un problème que la misère des temps rendait plus terrible. La constituante, en frappant la mendicité, essaya d'organiser un système de secours et de travaux dont le moindre défaut était l'impuissance. La convention fit plus encore : avec la solennité qu'elle mettait dans les mots, elle déclara que l'assistance des pauvres était une dette nationale, et qu'il y serait pourvu au moyen de la vente des biens des hôpitaux, des fondations et des dotations existantes. Chaque département devait recevoir à cet effet une somme déterminée, et un registre des indigents, ouvert au chef-lieu des cantons, devait servir de base aux répartitions. L'assistance privée était également soumise à quelques règles. Plus de dons manuels ni directs, mais des souscriptions volontaires versées dans une caisse de secours. En même temps des peines rigoureuses étaient édictées contre les mendiants, avec la transportation comme sanction extrême. On alla, dans des décrets postérieurs, jusqu'à donner une assiette à l'indigence, en la mesurant à l'échelle des contributions, et une limite aux secours, en les fixant à 160 livres dans certains cas, et à 120 livres dans d'autres. Il est presque inutile d'ajouter que ces lois, votées avec apparat et accompagnées de discussions pompeuses, restèrent sans effet. On n'y avait oublié qu'une chose, c'était d'en mettre les dispositions en harmonie avec les ressources du trésor. Là comme ailleurs, l'argent manqua, et les pauvres en revinrent à leurs procédés habituels, en dépit d'interdictions dérisoires. Deux institutions survécurent seules à cette suite de décrets : le secours à domicile et le dépôt de mendicité.

Ce fut sur ce dernier moyen que revint et s'appuya la législation charitable de l'empire. Un décret daté de Bayonne du 5 juillet 1808 eut pour objet d'organiser des dépôts de mendicité, dont les dépenses devaient être supportées concurremment par le trésor public, les départements et les villes. À l'appui et comme force coactive, on modifia le code pénal en y ajoutant les articles qui y figurent du numéro 274 au numéro 282 contre le vagabondage et la mendicité. Il s'agissait d'une extirpation complète obtenue à l'aide d'une répression vigoureuse ; mais là encore l'instrument n'était pas en rapport avec la tâche. Tout ce que put faire le gouvernement impérial au moyen de la force dont il disposait, ce fut d'ouvrir trente-sept dépôts, dont l'encombrement dépassa toutes les prévisions et amena des embarras de plus d'un genre. L'expérience était donc incomplète quand la restauration survint, et, sous la pression du clergé, laissa les choses aller de nouveau à l'abandon. Il ne se créa plus de dépôts ; beaucoup se fermèrent, un petit nombre seulement traversa cette période de défaveur. Cependant la réaction n'alla pas jusqu'à une abrogation formelle du décret de 1808, et le gouvernement de juillet put reprendre, avec la mesure et la prudence qui le caractérisaient, l'œuvre un peu négligée de l'empire. C'est à M. le comte Duchâtel que revient l'honneur d'avoir remis cette question à l'étude. Les départements y procédaient au hasard, sans unité, sans esprit de suite. Par une circulaire en date du 24 février 1840, le ministre de l'intérieur ouvrit une grande enquête et indiqua aux préfets les points sur lesquels elle devait porter : les causes habituelles de la mendicité ; les mesures adoptées pour l'empêcher, soit par l'autorité supérieure, soit par les conseils généraux et municipaux ; l'existence et l'organisation des établissements de refuge ou de travail, des fondations civiles ou religieuses, des sociétés de bienfaisance et de secours mutuels ; enfin les interprétations peu concordantes que la jurisprudence en vigueur avait rencontrées dans les tribunaux et les cours. La conclusion du ministre était que l'administration n'entendait apporter dans cette recherche ni esprit de système ni opinion préconçue, mais que le problème, réduit à ses ternies les plus simples, consistait à combiner dans une juste mesure la répression et la charité.

La question était bien posée : les réponses ne furent pas toutes à la même hauteur, les faits aussi furent lents avenir. Il y eut pourtant un certain nombre de dépôts ouverts entre 1840 et 1848, et de plus la jurisprudence fut enfin fixée. Ce qui partageait les tribunaux et les cours, c'était la nature de l'autorisation exigée pour l'établissement d'un dépôt. On vida le conflit en substituant aux arrêtés du ministre la sanction plus élevée d'une ordonnance ou d'un décret, et cette formalité fut exigée non-seulement pour les fondations publiques, mais aussi pour les fondations communales et particulières. Depuis lors, rien ne s'oppose plus, dans le domaine de la légalité, à ce que la mendicité disparaisse de la surface de notre territoire. Ce qui subsiste d'obstacles vient d'ailleurs et ne peut être surmonté aussi facilement. Renfermer un mendiant [surpris en flagrant délit n'est pas tout en effet : il faut lui assurer du travail dans la prison ou hors de la prison, combiner le secours et le châtiment, faire du malheureux délinquant, si c'est possible, un membre actif de la communauté, ou, si l'âge et les infirmités s'y opposent, lui ouvrir des asiles spéciaux comme destination définitive. Autrement il n'y a là qu'une douloureuse fiction. Le dépôt recevra et rendra les mêmes pauvres ; à peine libres, ils tendront la main pour y rentrer, et où l'on croyait n'avoir que des hôtes de passage, on aura des pensionnaires intermittents, triste témoignage de l'impuissance de la loi.

C'est à cette circonstance que l'on doit attribuer les progrès si lents de l'extinction de la mendicité. Sur l'ensemble de nos départements, seize seulement se sont trouvés en mesure d'établir des dépôts ; il est vrai que, par une heureuse association, ces seize dépôts embrassent vingt-cinq départements. Un grave inconvénient s'attache d'ailleurs à ces organisations partielles, c'est l'émigration de la mendicité. Chassés d'un départementales mendiants passent dans le département voisin et l'infestent outre mesure, de sorte qu'à un mal guéri sur un point succède sur un autre point un mal plus grand. Il n'y aurait à cela qu'un remède, ce serait de proclamer l'uniformité du régime créé par le décret de 1808 et de rendre le dépôt obligatoire. Obligatoire ! mais les ressources de beaucoup de départements n'y suffiraient pas ! On sait combien il y en a d'obérés, et de quel poids sont pour eux les centimes facultatifs qu'on multiplie avec plus de prodigalité que de prudence. Puis ces dépôts auraient besoin, en se généralisant, de sortir du caractère mixte qu'on leur a attribué dans plusieurs localités. Ils sont à la fois une prison et un asile, et reçoivent indistinctement des mendiants libres et des mendiants frappés par la justice. Ce procédé a des dangers : il confond ce qui ne devrait pas être confondu. Pour le mendiant condamné, le séjour a une limite naturelle, celle de la peine ; pour le mendiant libre, où est la limite ? On en vient ainsi, par la force des choses, à constituer de véritables établissements hospitaliers dont le maintien est au-dessus des forces des départements, et qui, même dans les mains de l'état, constitue-raient à la fois une dépense difficile à calculer et un dommage bien plus grand encore pour l'activité du pays.

On conçoit donc que là où ils existent, les dépôts de mendicité soient incomplets et impuissants, et que là où ils n'existent pas, on se montre peu empressé à en créer. Le vice de ces institutions est toujours le même : donner de la sécurité à la misère, lui fournir des garanties, lui ménager des perspectives, lui reconnaître un droit. Que ces institutions se présentent sous la forme de peine ou sous la forme de secours, l'abus peut varier sans être moins réel : dans la dé-chéance, la peine et le secours se confondent quand la sécurité est au bout. C'est ainsi que dans tous les temps et sous tous les régimes on a fait des pauvres en se proposant de les soulager, et que leur nombre s'est élevé en raison de la régularité de l'assistance.

Section II

Ce qu'il y a surtout d'intéressant dans l'ouvrage qu'a publié M. de Magnitot, préfet de la Nièvre, c'est l'expérience qui lui est person-nelle et qui a eu pour siège le département qu'il administre. Autant que personne, je rends justice aux recherches historiques dont il a éclairé et accompagné son sujet, aux détails curieux qu'il donne sur la charité préventive ou active, indirecte ou directe : qu'il me per-mette néanmoins d'en venir sur-le-champ à son titre le plus réel, à la métamorphose administrative dont il a été le promoteur.

Louis Reybaud

La Nièvre était naguère au nombre des départements qui n'avaient pas de dépôt de mendicité. Une ordonnance rendue le 17 octobre 1847 n'avait pu aboutir par suite des événements de février 1848 : le voisinage de ces deux dates explique un premier avortement. Dès son arrivée dans le département, M. de Magnitot s'occupa de reprendre et d'assurer l'exécution de la mesure. Le temps et la localité s'y prêtaient mal : c'était en 1854. Deux mauvaises récoltes pesaient sur les campagnes, et l'on sait à quel point les habitudes de mendicité sont invétérées dans l'ancien Bourbonnais. Le préfet ne se découragea pas et se mit à l'œuvre. Supprimer la mendicité purement et simplement, avec la seule condition que la loi impose, la création d'un dépôt pourvu des éléments nécessaires, était un acte auquel il ne fallait pas songer : c'eût été manquer d'humanité et d'esprit politique ; le gouvernement d'ailleurs n'y eût pas consenti. Comme mesure parallèle, il y avait lieu de placer l'organisation de l'assistance et de créer un ensemble de ressources qui, en tout état de cause, fussent à la hauteur des besoins. Ces ressources, comment se les procurer ? Était-ce par la voie d'un impôt obligatoire que les conseils municipaux auraient voté et qu'aurait sanctionné le ministre de l'intérieur ? Rien de plus grave ; l'impôt aurait pu être accepté par une commune, refusé par l'autre, et d'ailleurs procéder ainsi, c'était commettre une erreur de doctrine. M. de Magnitot pensa avec raison, et en s'appuyant de l'autorité de M. Thiers, que « l'individu agit avec ses propres deniers, et que l'état au contraire agit avec les deniers de tous, avec ceux du pauvre comme avec ceux du riche, et que si, pour l'individu, il n'y a pas d'autre conseil à suivre que celui de donner le plus possible, pour l'état au contraire il faut recourir aux principes de la justice distributive et examiner si, en donnant aux uns, il ne prend pas aux autres, si en un mot il ne manque pas aux règles d'une bonne et équitable administration.[2] » L'idée de l'impôt obligatoire une fois écartée, M. de Magnitot fut conduit à celle de l'offrande volontaire. Rassembler et discipliner les dons épars, en régler la collecte et la distribution de manière que l'une fût plus abondante et l'autre mieux entendue, substituer à la générosité irréfléchie des individus l'action éclairée des bureaux de bienfaisance ou d'une commission dans laquelle siégeraient le curé et le maire, voilà en quelques mots la combinaison à laquelle le préfet de la Nièvre s'arrêta. Il ne s'agissait plus que de la faire adopter au département, et ce fut l'objet de plusieurs circulaires qui figurent dans l'ouvrage de M. de Magnitot à titre de pièces justificatives. Il y expliquait ses projets et les recommandait

---

2 *De l'Assistance*. Rapport à l'assemblée législative (1850).

à l'attention des personnes influentes, pour qu'une fois convaincues, elles se dévouassent à convaincre les autres. Le dernier mot de tout cela, c'était l'ouverture d'une souscription commune à tout le département, souscription parfaitement libre, où ceux qui voudraient s'inscrire le feraient pour la somme qui leur conviendrait, et qui pour la plupart d'entre eux serait tout au plus l'équivalent d'aumônes arrachées par l'importunité ou dégénérées en une sorte de redevance. Les dons en nature étaient acceptés au même titre que les dons en argent et répartis de la même manière. Ainsi tout restait libre, le chiffre et le mode de souscription, l'acquiescement ou le refus. Seulement, comme l'œuvre ne pouvait réussir qu'avec des conditions de durée, l'engagement devait être pris pour cinq ans, et la somme acquittée par fractions tous les trois mois entre les mains du percepteur du canton et sous la forme de contribution directe.

C'était là, il faut en convenir, une initiative hardie, et à l'appui de laquelle un peu d'habileté administrative n'était pas de trop. Les bourses sont en général rétives, et un engagement de cinq ans est bien long ; mais un préfet a des prestiges auxquels tout cède ! Tant de gens attendent de lui un sourire ou une faveur, que ses désirs éprouvent rarement de grandes résistances. Il a des auxiliaires partout, aussi bien dans les corps électifs que dans l'administration salariée. M. de Magnitot n'eut qu'à faire un appel ; tout le monde se rangea sous son drapeau. Il eut le conseil général et les conseils municipaux, il eut le clergé et un beau mandement de l'évêque, il eut les maires, les officiers ministériels, les agents des finances, toutes les influences de la commune, du canton et de l'arrondissement ; il eut ce qui mène un département et s'impose à la masse. L'œuvre d'ailleurs se recommandait par elle-même ; elle était belle, elle était grande, elle parlait au cœur et à la raison. Après quelques mois d'efforts, les listes de souscription accusèrent un chiffre de 242,321 fr. 91 cent, d'engagements volontaires pour une période de cinq années. Aucune expérience ne pouvait être plus concluante, ni mieux témoigner de l'ascendant personnel de l'administrateur. Désormais l'abolition de la mendicité se présentait dégagée des obstacles qui l'avaient fait ajourner : un décret en date du 24 janvier 1855 autorisa la création d'un dépôt dans le département de la Nièvre.

Quelle influence cet ensemble de mesures a-t-il exercée sur la condition des classes nécessiteuses ? C'est un point sur lequel M. de Magnitot ne s'explique pas suffisamment, et cela se conçoit : son acte et son livre sont presque de la même date. La période écoulée n'est pas assez longue pour fournir les éléments d'un jugement définitif. Cependant les premiers effets de la réforme sont curieux à noter. Parmi les individus qui vivaient du produit de la mendicité, les uns transportèrent ailleurs leur industrie, et cela dans une proportion telle qu'un département limitrophe en jeta des cris d'alarme ; d'autres se résignèrent à rentrer, suivant leur langage, dans la vie privée et passèrent à l'état d'honnêtes rentiers. Les plus singulières découvertes furent faites à ce moment. Tel malheureux, couvert de haillons hideux à voir et qui depuis vingt ans harcelait le passant de ses cris et de ses prières, était propriétaire de deux maisons d'un bon produit, tel autre avait une somme d'argent placée chez son notaire. Il en est, parmi ces industriels, qui, ne pouvant s'accoutumer à l'idée de dépenser leur propre revenu, essayèrent de se faire comprendre par surprise sur la liste des personnes participant aux secours. D'autres en revanche, se sentant encore valides, demandèrent au travail les moyens d'existence qu'ils tiraient naguère de l'aumône. En résumé, la transformation fut pacifique ; il y eut bien quelques cris poussés et quelques menaces proférées, mais l'effervescence dura peu, et une attitude bienveillante la désarma sans beaucoup d'efforts.

Telle est l'expérience qui s'est accompli dans la Nièvre sous l'administration de M. de Magnitot. Aux faits qui viennent d'être exposés, je n'ajouterai que peu d'observations. L'acte du préfet de la Nièvre part d'un bon sentiment ; il date d'hier, et Dieu me garde d'en affaiblir les chances par l'expression d'un découragement prématuré. Au fond, M. de Magnitot a raison. Le décret de 1808 et les articles du code pénal qui en furent la conséquence doivent avoir pour correctif un exercice mieux entendu et plus général de la charité privée. Il faut que celle-ci se montre d'autant plus active que la loi est plus rigoureuse. C'est un devoir, et des plus étroits. Babbage, en parlant de la taxe des pauvres, l'envisage comme une sorte de rachat et dit que l'Angleterre paie ainsi en bloc sa sécurité. La charité privée peut, en France, faire le même calcul et le même raisonnement. En allant au-devant du mal, elle s'exonère de la plainte, elle s'épargne le spectacle de nos plaies sociales et l'ennui de tristes et perpétuelles obsessions. Il convient donc de faire marcher parallèlement la répression et l'assistance : ce sont des termes qui se correspondent.

Jusque-là, on ne peut que partager les idées de M. de Magnitot ; mais un point sur lequel il me paraît impossible de s'accorder avec lui, c'est l'immixtion de l'élément administratif dans une œuvre de charité privée. Et d'abord notre gouvernement n'est-il pas assez chargé de besogne pour qu'on évite de lui attribuer encore celle-là ? Puis, outre l'embarras, il y a la responsabilité. Les indigents, quand l'aumône est directe, n'ont pas à se plaindre de la part qui leur échoit : c'est l'effet de leur chance, ils s'y résignent aisément ; mais si l'aumône est indirecte, leurs dispositions se modifient et deviennent tout autres. À l'instant ils s'en prennent au dépositaire et le poursuivent de leurs soupçons. Si c'est l'autorité, ils ne manqueront pas de dire qu'elle procède aux distributions avec partialité, qu'elle a des préférences, des faveurs, ses pauvres en un mot, et qu'elle les choisit parmi ceux qui affectent le plus de servilité et d'hypocrisie. De toutes les façons, la responsabilité du pouvoir est engagée dans un acte qui n'est pas naturellement de son domaine et pour des fonctions qu'il aurait pu abandonner à l'activité privée. Bien des signes attestent que c'est là une des maladies du temps. Sous prétexte de régularité, on étouffe l'indépendance, même la plus inoffensive ; on s'ingénie à trouver des mécanismes pour toute chose, sans en excepter l'exercice des vertus. Et pourtant M. de Magnitot repousse, pour la combinaison qu'il a fait prévaloir, une assimilation quelconque avec l'assistance légale : c'est là une prétention qui ne peut être admise. Aux yeux des personnes qui ne se paient pas de mots, ces engagements réguliers ne sont, sous une forme ingénieuse, que de l'assistance légale, et du caractère le moins ambigu. Comment nommer autrement une taxe, même volontaire, quand elle a cinq ans de durée, s'acquitte chez le percepteur du canton et sert à composer un fonds charitable dont les agents de l'autorité sont les dispensateurs ? C'est si bien de l'assistance légale, que l'insuffisance des souscriptions est couverte, d'après l'aveu du préfet, au moyen d'une somme mise à sa disposition par le conseil général et accrue par les libéralités du gouvernement.

Ce n'est pas là d'ailleurs un problème résolu, c'est tout au plus un problème ajourné. Après cinq ans de répit, on se retrouvera en face des mêmes nécessités, et il faudra refaire le même effort. Où est la garantie d'un second succès, et après un second succès, d'un troisième ? L'humeur est changeante en France ; on y a du goût pour les nouveautés, mais on laisse volontiers les choses tomber en désuétude. Ce n'est plus ici cette terre d'outre-Manche où l'on respecte jusqu'aux abus, pourvu qu'ils soient anciens ; c'est le pays de la mode, qui met au rebut une institution dès qu'elle lui semble usée et dénigre tout ce qui ne s'impose pas. Cette objection écartée, il s'en présente une plus grave. On a vu, et le préfet de la Nièvre a soin de le constater dans son ouvrage, qu'une bonne portion des mendiants du département passa dans les départements voisins, sur les premières terreurs causées par la réforme, c'est-à-dire qu'au lieu de se guérir, le mal, pour cette catégorie de nécessiteux, ne fit que se déplacer.

Louis Reybaud

La Nièvre fut délivrée, mais au préjudice de l'Allier, du Loiret et de la Côte-d'Or, qui virent affluer un surcroît de pauvres, et les pires d'entre les pauvres, les incorrigibles et les vagabonds. Or est-ce bien de la justice ? est-ce même de la bonne administration ? On trouverait étrange un système de voirie qui ne déblaierait une rue que pour en encombrer une autre ; c'est ce qui a lieu en matière de mendicité. Là où le département affranchi s'applaudit, les départements envahis se lamentent ; les opinions se séparent comme les intérêts. Il y a plus : les charges se distribuent en raison inverse des forces. Les départements où la mendicité a pu être abolie sont en général des départements riches, populeux, ayant ou des finances en bon état ou les moyens de les ranimer par le crédit ; les départements où la mendicité est encore tolérée sont des départements d'un rang secondaire, manquant de fonds, même pour l'établissement d'un dépôt, et regardant l'extinction du fléau comme une tâche inabordable. Et pourtant, par la force des choses et à mesure que le décret de 1808 reçoit une application plus étendue, la mendicité émigré des départements où son poids était le moins sensible sur ceux qui peuvent le moins la supporter. Voilà une singulière loi d'équilibre, et les effets en seraient bien plus fâcheux, si des mesures de police n'agissaient vigoureusement en sens contraire.

Ce qui ressort le plus clairement de tout ceci, ce sont les difficultés inhérentes à l'exécution du décret du 5 juillet 1808. Un fait non moins caractéristique, c'est qu'après un demi-siècle d'existence, ce décret ne régit que le quart environ de nos départements. Dans toute notre législation charitable, on retrouve cette circonstance d'une application partielle et restreinte. Comme les dépôts de mendicité, les bureaux de bienfaisance, tels que les ont constitués les lois de l'an II et de l'an V, n'embrassent et n'assistent qu'une partie de la population. On sait ce que sont ces bureaux et dans quel cadre leurs fonctions s'exercent. Chacun d'eux se compose de cinq membres dont les services sont gratuits, et d'un receveur chargé de la responsabilité financière. Ces membres ont pour auxiliaires naturels toutes les personnes qui dans la commune veulent se dévouer aux bonnes œuvres, hommes, femmes, membres du clergé, sœurs hospitalières. Quant aux ressources des bureaux, elles se composent, aux termes de la loi, des biens donnés anciennement aux pauvres, des dons et legs nouveaux, du produit concédé sur les prix d'entrée aux spectacles et divertissements publics, des sommes votées par les conseils municipaux, du montant des souscriptions et des quêtes, enfin des rentes ou pensions dont certains bureaux jouissent. Le tout forme une somme qui s'élèverait, d'après un rapport officiel, à 17,381,257 fr. 08 c, ce qui équivaut en moyenne à 12 fr. 50 c. par chaque individu assisté. Encore existe-t-il de bureau à bureau et de commune à commune des inégalités considérables. En prenant les points extrêmes, tel bureau, comme celui de Paris, portera ses recettes à 2,294,364 fr. 55 c ; tel autre, comme celui de Saint-Ythaire (Saône-et-Loire), ne percevra que 51 centimes. À Martignat dans l'Ain, la moyenne du secours se réduira à 1 centime par tête ; elle montera à 899 fr. 15 c. à Montbéliardot dans le Doubs : proportion dérisoire d'un côté, exorbitante de l'autre.

Le rapport dont nous parlons abonde en pareils renseignements et jette un grand jour sur ces questions délicates. On y voit où nous en sommes, après tant de sacrifices et d'efforts, dans le domaine de la charité légale, et il y a lieu de s'étonner du peu de progrès accompli. Sur nos 36,820 communes, on n'en compte que 9,336 qui soient pourvues de bureaux de bienfaisance, avec 1,329,655 indigents inscrits ; encore ne peut-on pas prendre au sérieux 1,062 bureaux qui ne possèdent rien, et 1,000 autres qui n'ont pas 100 fr. de revenu. Tout calcul fait, c'est le cinquième ou le quart au plus de la population qui est appelée à participer au bénéfice de l'institution. Il existe dès lors en France 27,000 communes où la charité privée suffit à tout, et qui se passent de bureaux de bienfaisance, peut-être aussi de dépôts de mendicité. En sont-elles plus malheureuses, plus dénuées pour cela ? recèlent-elles plus de misères ? C'est une étude qui n'a jamais été faite autrement que par approximation ; mais on peut affirmer hardiment que si les souffrances y étaient plus vives qu'ailleurs, ces communes se seraient procuré le soulagement qui résulte d'un bureau de bienfaisance légalement reconnu. L'autorisation n'est pas à un bien haut prix ; on a vu que le bureau de Saint-Ythaire s'est constitué avec une recette de 51 centimes. Si un pareil nombre de localités est demeuré dépourvu, c'est volontairement, il faut le croire, et par suite de bonnes et fortes habitudes d'assistance mutuelle.

Ajoutons que, jugée d'après le rapport déjà cité, l'assistance légale donnerait lieu à plus d'une observation. Ainsi l'auteur lui-même adresse plusieurs reproches aux bureaux de bienfaisance, et énumère des griefs au sujet desquels le contrôle administratif demeure impuissant. Telles sont les distributions en argent, qui absorbent la plus grande part du fonds charitable (2,344,330 fr. 80 cent.). Non-seulement il se glisse beaucoup d'arbitraire dans ces distributions, mais il est avéré que le cabaret en profite beaucoup plus que le ménage. En outre les secours en nature ne sont pas assez variés ; ils devraient comprendre plus d'objets et défrayer plus de besoins ; une fâcheuse routine règne à cet égard. Lorsqu'on a donné, avec une désespérante uniformité, un peu de pain, un peu de viande, du bois, du linge, quelques médicaments, on croit avoir tout fait. Ne pourrait-on pas adapter plus judicieusement les dons à la situation des personnes, dans certains cas fournir des outils, des matières premières, en un mot des aliments à un travail fructueux ?

Ces inconvénients ne sont rien cependant auprès du plus grave, de celui qui choque le plus, l'exagération des dépenses de gestion et d'administration. Prélever une part sur le pain des pauvres, c'est malheureusement une nécessité : on n'a, sans argent, ni commis, ni bureaux ; c'est l'accessoire obligé de toute conception administrative. Seulement ici le sujet commande une discrétion plus grande ; il faut se montrer avare du bien de ceux qui sont dénués de tout. Cette pensée ne domine pas dans tous les bureaux de bienfaisance. Sur les 17 millions de recettes dont ils disposent, 3 millions sont employés à couvrir leurs frais, c'est le cinquième environ, et il est huit départements où cette proportion va jusqu'au tiers : l'Ardèche, l'Ariège, l'Aude, les Bouches-du-Rhône, la Côte-d'Or, le Gers, la Manche, les Vosges. D'autres y mettent plus de vigilance ou plus de désintéressement, comme le Rhône, où la proportion des dépenses est d'un dix-neuvième, et la Vienne, où elle est d'un quarante-quatrième.

Je m'arrête à ce symptôme : il est de ceux qui donnent à réfléchir aux hommes de bonne foi. La spéculation n'épargne plus rien, même ce qui devrait y rester étranger, l'œuvre de l'assistance. Sur des sommes destinées aux indigents, les personnes interposées s'attribuent d'abord le tiers de la recette : c'est ce qu'on appelle organiser, administrer, ne disputons pas sur les mots. Si on examinait une à une les institutions charitables qui ont le sceau officiel, on y retrouverait le même abus, souvent à un degré plus grand. À peine sont-elles fondées, que des existences parasites s'y attachent, et qu'une ou plusieurs industries s'y greffent impunément. J'en pourrais citer beaucoup d'exemples ; un seul me suffira, et je le relève dans un très bon ouvrage, celui de M. Blaize sur les monts-de-piété. Aucun écrivain n'était plus autorisé à en parler : M. Blaize a dirigé en 1848 le mont-de-piété de Paris. Il y apportait le goût du bien public et un vif esprit de réforme. L'une de celles qu'il poursuivit, avec le plus de fermeté, ce fut la suppression de ces commissionnaires qui se substituent à l'établissement principal pour aggraver à leur profit les conditions du prêt et envelopper de plus de ténèbres l'origine des dépôts. Rien de plus moral ni de plus juste qu'un pareil dessein. Comme toutes les usurpations, celle-ci avait grandi dans la tolérance et dans l'impunité. Ce qui n'était au début qu'une faveur révocable était devenu, le temps aidant, un véritable privilège, une sorte d'office qui se transmettait comme ceux des notaires, des agents de change et des avoués. L'empiétement était flagrant, M. Blaize lutta de son mieux pour le faire cesser ; mais il y a dans le privilège un tel ressort, que celui-ci trouva le moyen de survivre à une révolution qui avait emporté un trône. Voilà ce que c'est qu'un abus, et quelles racines il pousse dans un pays où, au lieu de maintenir l'indépendance des intérêts, on a la triste et coûteuse prétention de les organiser à tout propos et hors de propos.

Ce qui s'est passé dans un royaume voisin devrait pourtant servir de leçon aux gouvernements qui, en matière d'assistance publique, poussent trop loin les procédés d'ingérence et d'empiétement. S'il est une vertu qui doive redouter le bruit et fuir le scandale, c'est la charité, et pourtant les choses ont été conduites en Belgique de telle sorte qu'une loi sur les fondations charitables a placé naguère ce petit état sous le coup d'une crise des plus graves. Les deux partis se balançaient pour le nombre et apportaient dans la lutte une égale ardeur ; c'était une question de drapeau plutôt qu'une question de doctrine. En lui-même, le différend ne semblait pas de nature à soulever une pareille tempête ; il s'agissait de savoir quelle latitude on accorderait à l'initiative privée pour la fondation d'établissements qui ont un caractère d'utilité publique, comme les crèches, les refuges, les hospices, les écoles gratuites, etc. Partout ailleurs aucune émotion ne se serait attachée à une loi de ce genre ; mais en Belgique, où l'opinion libérale et l'opinion religieuse se mesurent constamment de l'œil, où chaque pouce de terrain est disputé pied à pied, et où l'équilibre, péniblement maintenu, peut être détruit par un défaut de vigilance, la difficulté qui se présentait était de celles qui agitent profondément une nation. Sans revenir sur une question traitée ici même avec une grande autorité,[3] nous ne voulons insister que sur un point : c'est qu'une question de charité qui devient l'occasion et le point de départ d'un débat politique impose une grave responsabilité au gouvernement qui la couvre de son initiative. Avant de présenter aux chambres la loi sur les fondations charitables, le gouvernement belge n'aurait-il pas dû en mieux prévoir les suites ? Que cet exemple ne soit point perdu ! Les œuvres charitables se composent surtout d'habitudes et de coutumes ; elles ont pour règle la conscience plutôt que la loi. Y toucher trop souvent, essayer d'en faire un instrument

3   Voyez l'article de M. Guizot dans la *Revue* du 15 juillet 1857.

de domination au profit de telle ou telle classe, c'est en troubler la marche et en dénaturer l'esprit ; c'est s'exposer, comme on l'a vu chez nos voisins, à des émotions publiques.

Est-ce à dire que je méconnaisse ce qu'il y a d'utile dans les conquêtes récentes de l'assistance ? Bien loin de là. Personne n'honore plus que moi les hommes qui s'y sont dévoués, et ne rend plus de justice à leurs efforts. La crèche, l'asile, l'ouvroir, pourvoyant à des besoins divers, les caisses d'épargne et de prévoyance, les sociétés de patronage et de secours mutuels, les ateliers de charité, les médecins cantonaux, toutes ces formes variées, souvent heureuses, de la bienfaisance collective, ne me trouvent point indifférent. Il y a bien là plus d'abondance que d'efficacité, plus de mots que de faits, un peu de mise en scène et quelques vanités d'auteur ; mais qu'importe ? L'intention est saine, le but est élevé, voilà l'essentiel. Ce point mis hors de débat, quelles réserves convient-il de faire ? Les plus simples du monde : c'est de ne pas aller jusqu'à l'abus, de ne pas multiplier ces cadres inflexibles où la charité manque d'air et d'essor, ces catégories où la misère est rangée par compartiments, et où chaque nature de secours porte son étiquette, puis d'affecter à chacune de ces créations, autant que faire se peut, un personnel gratuit et qui se renouvelle incessamment, d'y maintenir l'inspiration spontanée, le dévouement volontaire, d'en bannir tout ce qui sent le métier et dégénère en habitude.

C'est dans ce sens et à ce point de vue que la chanté privée demeure bien supérieure à tous les modes et à tous les déguisements de l'assistance légale. Son mérite et son charme consistent à naître et à s'épanouir à vue d'œil. C'est la fleur naturelle ; elle n'a qu'un jour, mais quelle couleur et quel parfum ! Puis à une fleur succède une autre fleur : la charité est si féconde ! Aussi que de bien elle a fait depuis que le christianisme en a déposé le germe au sein de l'humanité ! Pour traduire ce bien, les chiffres sont impuissants ; le premier et le plus beau titre de la charité est d'être ignorée et de s'ignorer elle-même ; elle relève de la conscience, non de la statistique. Quand M. de Watteville évalue à 17 millions les aumônes qu'elle répand, il est évident qu'il ne parle que des sommes ostensibles passant par les mains d'associations religieuses ou civiles, comme celles de Saint-Vincent-de-Paul, des *petites sœurs des pauvres*, et une foule d'autres qui sont assujetties à un certain contrôle et n'échappent pas à la notoriété ; mais les dons directs, qui pourrait en fixer le nombre et la valeur ? Qui pourrait estimer le produit des quêtes, des souscriptions, des loteries, de tout ce que l'on confie à des intermédiaires discrets ? C'est là le véritable domaine de la charité, le plus ancien et en même temps le plus fécond, celui que rien n'épuise et qui subsiste par sa propre vertu. Si la charité privée se trompe quelquefois, l'assistance légale a-t-elle plus de discernement ? L'une et l'autre franchissent souvent leurs limites, entretiennent le mal plutôt qu'elles ne le guérissent, et font des pauvres en les secourant ; mais la charité privée laisse du moins le malheureux où elle l'a pris, dans une condition précaire et sans certitude du lendemain, tandis que l'assistance légale, une fois qu'elle admet un individu sur ses listes, lui reconnaît un droit, le dispense de tout effort et donne à l'indigence le plus puissant et le plus redoutable encouragement, celui de la sécurité.

Section III

En terminant cette étude, je ne puis me défendre d'une réflexion. Voici un siècle bientôt qu'un souffle généreux se répandit sur le monde, et y fit éclore, sinon un sentiment nouveau, du moins une suite de manifestations nouvelles d'un sentiment dont on modifia jusqu'au nom. Ce qui s'était appelé jusqu'alors amour du prochain s'appela désormais philanthropie. Le nom et la chose répondaient à des besoins réels. Sur bien des points régnaient des coutumes empruntées à des temps barbares, et qui n'étaient plus en harmonie avec les mœurs. De grands esprits entreprirent, à leur éternel honneur, cette réforme nécessaire, et eurent la satisfaction bien rare de la voir s'accomplir de leur vivant. Jusque-là rien de mieux, la mesure était gardée ; mais les continuateurs survinrent, et l'excès commença : quand le possible fut fait, on songea à l'impossible ; ou compromit jusqu'aux principes les plus vrais par l'exagération des conséquences ; on poussa tout à outrance, idées et faits, de manière à dénaturer ceux-ci et à fausser celles-là. En voici quelques preuves. Quoi de plus juste que la cause dont Beccaria fut l'illustre et ardent défenseur ! Il s'agissait de ramener les lois criminelles dans leurs limites, d'en écarter ce luxe de peines léguées par le moyen âge, cet appareil de tortures qui n'éclairait jamais la justice et n'était qu'un raffinement odieux. Il s'agissait en outre d'amener dans le régime des prisons des améliorations tutélaires, de pénétrer ce qu'il avait de mystérieux, de sortir de la lettre de cachet pour entrer dans la prévention et l'instruction légales, de ne renfermer un homme que par l'effet d'un jugement public, et, une fois renfermé, de le traiter avec les égards que l'on doit à toute créature humaine. Voilà ce que demandait Beccaria ; voilà ce que demandaient avec lui les criminalistes du temps, Verri, Filangieri, et aussi Voltaire : le programme était hardi, mais le mouvement de l'opinion lui donnait une force irrésistible. Des procès célèbres, comme ceux de Calas, de Sirven, de Lally, avaient ému les cœurs, et la réforme avait des complices partout, même dans le sein de la magistrature. Cette réforme s'accomplit aux applaudissements des gens de bien ; la torture fut abolie, la liberté individuelle obtint des garanties, les prisons cessèrent d'être des cloaques infects qui tuaient les détenus sous prétexte de les châtier. Quel chemin fait en peu de temps ! et n'eût-il pas été convenable de s'arrêter et d'attendre patiemment les suites de modifications si grandes ? Les maîtres l'auraient pensé ; mais ce n'était pas le compte de ceux qui marchaient sur leurs brisées. C'est ainsi que naquit et se propagea une école de criminalistes qui, au lieu de tenir la balance au moins égale entre la société régulière et les hommes qui en ont enfreint les lois, prirent résolument parti pour ces derniers, n'eurent et n'affichèrent qu'un souci, celui de savoir si leurs clients ne souffraient pas outre mesure de leur captivité, si leurs conditions d'existence étaient assez douces et assez bien combinées pour exciter l'envie d'une foule d'honnêtes gens voués à des travaux ingrats. On devine quels fruits a pu porter une pareille donnée, développée dans les livres et dans la presse. Les tables de la criminalité sont là pour en témoigner. La prison n'a plus été qu'un jeu, le châtiment a manqué de sanction, et quand il s'est agi d'une réforme vraiment sérieuse à introduire dans le régime actuel, de la seule digue efficace contre l'accroissement démesuré des récidives, quand il s'est agi de l'emprisonnement cellulaire, les clameurs d'école, les récriminations intéressées ont retenti avec tant de vigueur et d'unisson, que la mesure a été indéfiniment ajournée.

Même manœuvre et même succès à propos des jeunes détenus. Ce n'était là jadis, dans le régime pénitentiaire, qu'un incident qui passait presque inaperçu. À peine comptait-on quelques centaines d'enfants qui tombaient sous le coup de la loi et expiaient dans quelque maison de correction leur perversité précoce. Les choses ont été ainsi tant que les prisons communes les ont reçus ; mais, dès que des établissements spéciaux, comme Mettray, le Val-d'Yères, Petit-Bourg, leur ont offert en pleine campagne un mélange de travaux agricoles et d'enseignement élémentaire, dès que l'emprisonnement a été accompagné de repas copieux, de vêtements chauds et d'exercices au pas gymnastique, cette population a vu ses cadres s'élargir et d'une manière si rapide, qu'en moins de quinze ans elle s'est élevée du chiffre de 1,500 à celui de 10,000. La magistrature, en voyant des asiles si bien installés, éprouvait moins de scrupule à frapper de petits délits, et de leur côté les familles pauvres pouvaient trouver une économie à se décharger sur un établissement correctionnel du soin d'élever, de nourrir, de vêtir et d'instruire leurs enfans. Ici, comme toujours, c'était l'abus d'un principe excellent et l'application outrée d'une pensée humaine.

Ce qui s'est passé dans le domaine de la criminalité se reproduit, c'est ma crainte, dans le domaine de l'assistance. Là aussi l'excès d'un bon sentiment peut conduire à de très mauvaises conséquences. Le danger ne serait plus alors ni dans l'absence ni dans le petit nombre des établissements autorisés, il serait dans la multiplication indéfinie de ces institutions. À mesure qu'elles se propagent, elles assistent un plus grand nombre de personnes qui trouvent leur pain ailleurs que dans le travail. Il est impossible que l'industrie et la richesse du pays n'en éprouvent pas quelque atteinte. Vainement dira-t-on qu'il se fait un départ très scrupuleux entre l'indigence réelle et l'indigence simulée : pour peu qu'on ait été mêlé de près ou de loin aux œuvres charitables, on sait qu'il n'y a là qu'une illusion. Nulle part le contrôle n'est plus difficile ni plus sujet à des mécomptes. D'ailleurs l'indigence n'est jamais un terme absolu ; c'est surtout une condition relative. Tel sera indigent dans un département qui ne le sera pas dans un autre ; on peut l'être aujourd'hui et ne pas l'être demain. Comment s'assurer d'un fait sujet à tant de variations, et qui comporte tant de nuances ? Il y a donc des erreurs et en grand nombre ; il y a des surprises, et la surveillance la plus éclairée ne saurait en garantir.

Que conclure alors ? que conseiller ? En matière aussi délicate, la conscience hésite. Il est pourtant deux points sur lesquels on peut, avec des autorités respectables, plus particulièrement insister : ce sont les secours à domicile et les secours en nature. Le secours à domicile est, de toutes les formes de l'assistance, celle qui a constamment donné les meilleurs résultats. Elle risque moins de s'égarer, laisse plus de chance à une vérification sérieuse et s'adresse aux misères les plus dignes d'intérêt, celles qui se cachent. Le secours à domicile n'a les inconvénients ni de la mendicité qui bat le pavé des rues, ni des aumônes qui se délivrent dans les bureaux. Il ménage la pudeur de l'assisté, choisit mieux la nature des dons, les mesure avec plus d'intelligence. Quant aux secours en nature, l'utilité s'en démontre d'elle-même. On a vu où aboutissent les distributions en argent : c'est le cabaret qui les absorbe, et on compte en France 350,000 cabarets. L'aumône est ainsi détournée de ses voies ; elle ne va plus à la famille, elle ne défraie plus des besoins réels ; elle alimente la plus ignoble des passions et ajoute un abrutissement de plus à l'abrutissement de la misère. De là une préférence à donner, toutes les fois que c'est possible, au secours en nature, en le combinant avec le secours à domicile. Les deux formes d'assistance se complètent ; on a ainsi une garantie plus grande que celle que présente l'individu : on a le ménage.

Mais au-dessus, bien au-dessus de ces détails d'exécution et de ces règles de conduite, il doit exister un souci plus vif et plus général : c'est de relever parmi nous, par tous les moyens, le niveau de la dignité individuelle. La misère n'est pas seulement une plaie matérielle ; elle est encore et surtout une plaie morale. Plus le sentiment de la dignité personnelle est vif chez un peuple, moins il donne le spectacle de ce genre d'abaissement. Cela ne tient pas toujours à la richesse des états ni au degré de civilisation où ils sont parvenus ; le caractère des populations compte ici pour beaucoup. Telle race supportera dignement sa médiocrité ; telle autre s'avilira dans la richesse. On pourrait citer l'Arabe, qui ne tend jamais la main et dont la dignité ne se dément pas, même sous les haillons. C'est la dignité personnelle qui empêche de demander à l'aumône ce qu'on peut obtenir par le travail, et elle est ainsi la meilleure sauvegarde contre le paupérisme, qui s'éteint faute d'aliment là où ce mâle instinct a jeté des racines profondes. Mais cette dignité, comment l'acquérir ? comment la retrouver quand on l'a perdue ? Demandez-le aux peuples qui, à leur origine, ont été les plus dignes que la terre ait jamais connus, et qui, pour s'être abandonnés un jour, ont été conduits, de faute en faute, de déchéance en déchéance, à un complet anéantissement. La dignité ne s'enseigne ni ne se définit ; c'est une vertu de race qui se développe par la culture et se perd par le mélange. Souhaitons à notre pays qu'il garde et accroisse ce qui lui en est échu : c'est le don par excellence et le signe le plus noble que Dieu ait gravé sur le front humain.

ISBN : 978-1547142279